13 janvier 1840

AF318439

CATALOGUE

DE

TABLEAUX

ANCIENS ET MODERNES,

DES TROIS ÉCOLES.

STATUES EN MARBRE, TRÉPIED EN BRONZE, VASES EN CÉLADON, MONTURES ANCIENNES, MEUBLES RICHES, PENDULES ET CANDÉLABRES DORÉS, ET UNE SUITE DE DOUZE PORTRAITS PEINTS SUR ÉMAIL, PAR PETITOT.

VASES ÉTRUSQUES ET ANTIQUITÉS,

Provenant des fouilles de Carino,

PROPRIÉTÉ DE M. LUCIEN BONAPARTE.

PLUSIEURS INSTRUMENTS D'ASTRONOMIE ET DIFFÉRENTS OBJETS DE CURIOSITÉ,

Dont la Vente aura lieu les Lundi 13, Mardi 14, Mercredi 15 et Jeudi 16 Janvier 1840, à midi très-précis,

Hôtel rue des Jeûneurs, 16.

L'Exposition sera publique

Le Dimanche 12, depuis onze heures jusqu'à quatre, et pour les instruments d'astronomie, Jeudi 9, Vendredi 10 et Samedi 11

Le Catalogue se distribue :

Chez MM. :
- BOSSEFONDS DELAVILLE, Commissaire-Priseur, rue de Choiseul, 11;
- Charles PAILLET, Commissaire-Expert honoraire du Musée royal, rue Grange-Batelière, 25;
- DUBOIS, rue de Savoie, 4;
- Et LEMMOUAS, Opticien, place Dauphine.

1840.

Yd¹ a
8°

Paris. — Imp. de F.-B. Dzlanchy, faub. Montmartre, 11.

AVERTISSEMENT.

————◆————

C'est pour la seconde fois que nous nous trouvons chargés des intérêts de la famille du prince de Canino, à l'effet de présenter en vente les objets qui leur deviennent superflus. La collection des vases étrusques est une des plus intéressantes parties de cette vente, parce qu'elle offrira des pièces capitales et importantes, tant par la dimension des vases que par leurs sujets, leur forme et la conservation de beaucoup d'entre eux. Un objet très-capital vient aussi prendre son rang pour attirer l'attention des amateurs d'antiquités non équivoques, c'est une figure d'Apollon jeune, statue grecque du plus beau caractère et d'une dimension peu commune (1 mètre, 29 millim.); nous devons également citer, sans préjudice du travail des anciens, Jupiter et Ganimède, sujet mythologique en relief dû au ciseau de Michel-Ange.

Pour les savants, les établissements d'observatoire et les hauts commerçants opticiens, les instruments d'astronomie offriront des pièces rares et difficiles à se procurer. Dans ces différentes catégories qui sont en dehors de nos connaissances et de notre expérience acquise, nous nous sommes fait aider des avis de personnes dont l'érudition et la longue pratique dans chacune de ces spécialités sont une garantie donnée au public.

Nous confessons aussi avoir ajouté par supplément quelques tableaux d'un bien puissant intérêt, des porcelaines de riches et anciennes montures, un cabinet en laque burgauté, une pendule du plus délicieux modèle sous Louis XVI, une autre du siècle de Louis XV; des statues en marbre, et une fontaine en albâtre orientale, monument de 2 mètres 60 centim. de hauteur; une suite d'émaux peints par PETITOT, hommes et femmes célèbres du règne de Louis XIV, et qui proviennent des ventes de Lenoir, Dubreuil, prince Potoscky et vieux Booz. Des objets de bel ameublement qui nous ont été déposés et dont nous donnons explication et détail, ont également trouvé leur place dans les désignations de ce catalogue. Ce mélange varié ne peut trouver d'opposants et doit nécessairement nous amener des curieux ; c'est ce que nous désirons dans l'intérêt du vendeur et dans celui du public, qui demande sans cesse qu'il lui soit présenté des articles nouveaux.

Ordre de la Vente.

Lundi matin, 13 janvier. — Quarante-neuf articles, tableaux.

Mardi matin, 14. — Quarante cinq articles, tableaux.

Le même jour, a trois heures. — Les émaux.

Mercredi matin, 15. — Marbres, bronzes, riche ameublement et objets de curiosité.

Jeudi 16, matin et soir. — Les vases étrusques et antiquités.

DÉSIGNATION
DES TABLEAUX.

Écolé Française.

MAYER (Mlle) et PRUD'HON.

1. — Psyché est endormie au milieu d'une forêt et sous une draperie qui double son ombrage; pendant son sommeil, les zéphirs, dont la légion aérienne se multiplie à l'infini, voltigent autour d'elle et viennent la caresser.

BIDAULT (M.), figures de Taunay.

2. — Un paysage de stylé historique avec un épisode dont les figures sont de Lethiers; c'est le sujet mythologique de Phorbas, berger de Polybe, qui détache OEdipe de l'arbre où il avait été suspendu sur le mont Cytheron, par ordre de Laïus. Ce tableau, exécuté dans la plus grande force du talent de son auteur, est regardé comme une de ses meilleures productions.

HERSANT (M.).

3. — Daphnis et Chloé. Réplique én dimension

réduite du tableau de M. Hersant, gravé pour la Société des Amis des arts.

WATELET (M.)

4. — Une de ces heureuses inspirations de notre habile paysagiste; elle offre la vue d'un paysage italien, avec figures de bergers.

BOILLY (M.).

5. — La lecture d'un bulletin de la grande armée.

GUDIN (M.).

6. — Une marine éclairée par un effet de soleil.

BELLANGÉ (M.).

7. — Halte de militaires.

FRANQUELIN (M.).

8. — Jeune femme jouant de la guitarre.

BELLAY (M.).

9. — Intérieur d'une église à Lyon.

DEMAY (M.).

10. — Le charlatan sur la place publique.

BELLAY (M.).

11. — Intérieur d'une église.

GUDIN (M.).

12. — Marine à effet de soleil.

DUPLESSIS.

13. — Halte de voyageurs.

POYET et DEMARNE.

14.—Un intérieur, vaste péristyle de prison éclairé à la lueur des lampes ; on y voit plusieurs figures de soldats, dont le costume indiquerait assez une scène de Marie-Stuart.

La partie monumentale est de M. Poyet, célèbre architecte, et les figures de Demarne.

GÉRARD (Mlle).

15. — Dans un intérieur de salle d'étude, une dame assise, vêtue d'une robe blanche et coquettement coiffée, porte une attention vive à la lecture d'un papier ; pendant ce temps, un jeune garçon s'occupe à dessiner sous l'inspection d'une jeune dame, professeur.

DROLING.

16 — C'est toujours sous le nom de ce peintre que ce tableau a été vendu à plusieurs reprises ; le sujet est Clarisse Harlow, au moment où Belfort écrit ces mots : « Quatre chaises vermoulues font le « reste de l'ameublement ; elle y était à genoux près « de l'affreuse fenêtre, les deux bras sur le coin de « la table ; elle avait près d'elle un livre, du papier, « de l'encre et des plumes »

SENAVF.

17. — Un intérieur de salon d étude ; un respectable monsieur y est assis occupé à lire, une jeune dame lui présente un portefeuille de dessins ; différents accessoires, tels qu'une sphère, une guitarre, s'y trouvent fort bien placés et peints avec l harmonie et le prestige des Hollandais.

BIFCOQ.

18. — Une jeune fille est venue consulter un empirique qui lui présente une fiole ; l'air de persuasion est bien caractérisé sur la physionomie du vieillard, comme l ingénuité dans celle de la jeune malade. C'est une des jolies productions de ce peintre, imitateur des Flamands ; elle est aussi de son meilleur temps.

SÉNAVF.

19 — Un intérieur de chambre dans le style des salles hollandaises ; une jeune dame y est installée, occupée à écrire sur une table couverte d'un tapis d'un beau cramoisi ; une servante qui se tient debout devant elle, paraît attendre le message de sa maîtresse.

LESUEUR.

20. — Le portrait d'un cardinal, médaillon entouré de figures emblématiques à la religion. Belle et ingénieuse composition.

GREUSE.

21. — Le sujet de la charité romaine. Esquisse libre d'exécution et très-avancée.

BRENET.

22. — Une jeune femme nue est vue par le dos et se dispose à se couvrir de linge à la sortie du bain, elle est aperçue par une de ses compagnes qui semble la rassurer sur son état de nudité. Couleur puissante qui rappelle le toucher de J. Vanloo.

LOUTHERBOURG.

23. — Petit tableau-paysage avec scène épisodique de repas champêtre.

LANCRET.

24. — Les baigneuses. Petit tableau gravé.

LE MÊME.

25. — Les plaisirs du printemps et les amants pêcheurs. Le paysage et les figures sont traités dans le goût de Wateau.

MIGNARD.

26. — Portrait de la duchesse de Nevers, dite la grande conquérante.

27. — Portrait du duc de Nevers, présumé être de Rigaud.

GRIMOUX.

28. — Son portrait où il est représenté en joyeux gastronome.

29.—Portrait d'une dame de la cour de Louis XV.

30. — Portrait d'un personnage savant.

LANCRET.

31. — Les deux tête à tête et la jeune fille jouant avec un chien

PAROCEL.

32. — La prédication de saint Jean.

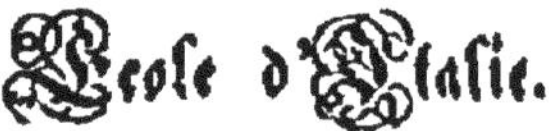

BELIN (Jean).

33 — La Vierge, appuyée contre une colonne aga-lisée, tient son fils sur ses genoux, et celui-ci sourit à sainte Catherine qui lui présente des fleurs ; saint Jean vient à son tour offrir ses hommages au Ré-dempteur du monde.

DEL PIOMBO (Sébastien).

34 — Le portrait du cardinal Bambini, devenu, pape, Léon XI ; il est coiffé d'une tocque rouge et

porte un rochet de même couleur et largement plissé.
Il provient de la vente de Francillon, faite en 1828.

MENESEZ OSORIO.

35. — La fuite en Égypte et l'adoration des Mages.
Deux autres tableaux.

LE MÊME.

36. — Jésus parmi les docteurs, et le songe de Joseph. Deux tableaux en pendants.

LE MÊME.

37. — La circoncision et la nativité. Deux autres tableaux du même peintre.

LE MÊME.

38. — La conception de la Vierge, elle est dans le
ravissement et soutenue par des anges.

GUERCHIN (École du)

39. — Allégorie aux quatre âges de la vie : un
vieillard, un guerrier, une jeune femme et l'enfance.

PEINTURE GRECQUE

40. — Seize petits sujets séparés par des carrés et
représentant des épisodes de la vie de Jésus ; ils en-
tourent la figure d'un saint évangéliste, tenant un
livre d'une main et donnant à l'autre l'attitude et le
geste de la bénédiction. Ouvrage fort curieux du
XVIIe au XVIIIe siècle.

CARLO DOLCI.

41. — L'ange conduisant Agar. (Vente Sommariva).

ZOMBO.

42. — Le repos en Égypte. Sujet en ronde bosse et modelé en cire.

ÉCOLE FLORENTINE

43 — Un religieux prosterné devant la Vierge. Composition mystique.

PALME LE VIEUX.

43 bis. — Un magnifique tableau de ce maître ; il représente la Vierge, l'Enfant-Jésus, saint Joseph et sainte Catherine; figures grandeur de nature et dans un excellent état de conservation

ALLORI (O.).

44. — Vénus accueillant Psyché; un satyre soulève indiscrètement la draperie sous laquelle paraît la fille des dieux.

CASTILLE (Jean de).

45. — Saint Jean est représenté assis, les yeux fixés vers le ciel et dans une attitude remplie de dévotion ; cette figure d'un beau caractère est aussi d'une couleur bien entendue.

MARATE (C)

46. — La Vierge à laquelle deux anges apparaissent.

CORRÈGE (Genre de).

47. — Repos de la Sainte Famille et présentation de sainte Catherine

GUIRLANDAJO.

48. — La Vierge assise sur son trône et entourée de religieux, présente l Enfant-Jésus à leur vénération

CARLE MARATE.

49. — Le repos en Égypte. Composition peinte sur cuivre.

TIEPOLO.

50. — L'adoration des bergers

LOCATELLI.

51. — Deux paysages de style historique, enrichis de monuments et de figures sur divers plans.

52. — Grand paysage mêlé de rochers, cascades et monuments antiques; dans la partie gauche, des figures de villageois

SALVATOR (Genre de).

53. — Grand paysage de site pittoresque, montr-

gneux et boisé ; deux figures animent ce lieu sau-
vage.

ÉCOLE ESPAGNOLE.

54. — Le repos de la Sainte-Famille ; saint Joseph
tient sur ses genoux l'Enfant-Jésus, et la Vierge est
occupée à soigner son fils.

VANVITELLI (G.).

55. — Une vue des bords du Tibre à Rome ; on
y distingue les monuments publics et les principaux
édifices qui bordent Ripetta.

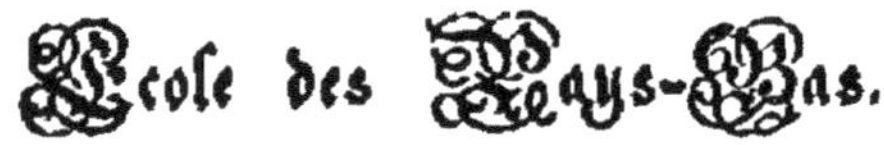

École des Pays-Bas.

FRANC (Français).

56. — Un intérieur de cabinet d'amateur où sont
rassemblés plusieurs tableaux figurés et pastichés de
différents maîtres, des statues antiques et des meubles ornés de cariathydes ; des groupes de personnages curieux examinent un tableau.

HAGGUE (Pierre de Lille).

57. — La course aux chevaux sur la place d'un
village de Flandres, où stationnent des villageois

dans leur chariot, et gens du monde témoins de cette lutte curieuse.

Ce peintre vivait vers le milieu du siècle dernier

BREYDEL (Chevalier)

58. — Grande bataille de cavalerie près d'un fort; un porte-drapeau, percé de l'épée d'un officier, vient de tomber de cheval

ROTHNAMER.

59. — Le jugement de Pâris. Vénus, placée entre Junon et Pallas, reçoit la pomme que lui offre le berger; un amour descendu de l'Olympe s'apprête à lui déposer une couronne.

POELEMBOURG (C)

60. — Scène du déluge; deux femmes, dont une cherche son salut en se tenant étroitement serrée contre un arbre.

ZORG (H.).

61. — Quatre paysans hollandais sont assis et occupés à fumer dans un intérieur de cuisine meublée de beaucoup d'ustensiles.

VAN STRAVEREN.

62. — Un ermite en prières, il est à genoux devant une Bible, les yeux fixés sur un Christ, et dans sa retraite austère, il n'est entouré que de plantes et oiseaux sauvages

WILLHEM SENEAS, IMITATEUR DE MIERIS.

63 — Le petit physicien ; il est vu dans l'embrasure d'une fenêtre et occupé à faire des bulles de savon ; son coude est appuyé contre un tapis de riche et très variée couleur.

64. — Le pendant du précédent tableau ; il a pour sujet le marchand de volailles.

SCHOUMANN.

65. — Le peintre et son modèle. Peinture délicate et légère ; comme les ouvrages de G. Schalken.

MATHEY (Paul)

66. — L'émancipation amoureuse. Un jeune garçon coiffé d'une toque, élégamment habillé, aventure indiscrètement une main dans le fichu d'une jeune paysanne hollandaise, ces deux figures sont à mi-corps et dans un parti de couleur des plus brillants.

DEVOS (C.)

67 — Le concert et la conversation hollandaise ; deux scènes représentées dans des jardins ombragés d'arbres et de fleurs.

WITE (Emmanuel de)

68 — Un intérieur d'église protestante à effet de grand jour ; les colonnes, frappées des rayons du soleil, sont ornées d'écussons et de tabernacles avec

inscriptions Sur le second et troisième plan plusieurs figures, et tout-à-fait en avant, un personnage à manteau donnant des ordres à un fossoyeur.

ALBANI (Francesco)

69. — La fuite en Égypte. Un ange accompagne la Sainte Famille, d'autres voltigent au-dessus d'elle. Ce précieux tableau, de forme ovale, est peint sur lapis.

COORT (P. de)

70. — Une vue de canal de la Hollande, dont les eaux bordent un quai de village; plusieurs maisons en briques sont ombragées d'arbres, et se joignent à une tourelle, sorte de prison de ville. On aperçoit, le long d'une muraille, un chariot de villageois qui s'achemine vers le village. Ce tableau est tout près de la finesse et du précieux pinceau de Vanderhey-den.

MIERIS (Style de).

71. — Un jeune garçon, coiffé d'un turban et ajusté d'un costume à l'orientale, est vu à l'embrasure d'une croisée; appuyé sur un tapis de riche couleur, il porte son regard au loin.

WOUVERMANS (Ph.)

72. — Choc de cavalerie. Sur le premier plan cinq cavaliers s'attaquent à l'arme blanche et au pistolet; deux des assaillants sont déjà démontés et l'un

d eux, dont le cheval est abattu, paraît percé d'un coup mortel. On voit au loin une mêlée de fantassins.

Ce précieux tableau paraît une disposition préparatoire, pour le peintre, à la grande bataille qui orne le musée du Louvre ; on y voit et les mêmes groupes et les mêmes études de chevaux.

PORBUS (F.)

73. — Portrait d'une femme du temps des Médicis ; elle est vue à mi corps, vêtue d'une robe d'étoffe noire, avec broderies en or, le col ajusté d'une collerette-fraise, et coiffée d'une gaze dentelée. La tête, vue presque de face, offre l'image d'une jeune femme de belle carnation

MIERIS (Guillaume).

74. — Un matelot hollandais, accoudé sur la tablette d'une fenêtre, vient de recevoir d'une jeune femme un verre de liqueur, qu'il considère d'un air satisfait. Une cage est attachée à l'un des chambranles de la fenêtre. Sur la table sont posés un réchaud, une boîte à tabac et des poissons secs ; au-dessous un bas-relief représentant des enfants est encastré dans le mur. C'est sous cette dénomination que ce tableau a été vendu dans une des ventes de feu Henry. (Voir la notice au dos)

TERBURG.

75 — Une jeune dame hollandaise, de carnation

fraîche, à la tête nue, et portant un ajustement du pays. Elle est assise à une table recouverte d'un tapis rouge et s'occupe à écrire, son attitude est celle de la méditation.

MIRVELDT.

76. — Portrait de Catherine de Clèves, femme du duc de Guise.

FRANCK.

77. — L'adoration des mages, petit tableau de forme ronde

NETSCHER (C).

78. — Le portrait en pied d'un jeune seigneur accompagné de ses chiens et se disposant à partir pour la chasse.

DEROY (DE BRUXELLES)

79 — Taureau et vaches, dans un paysage.

BRAUWER.

80. — Deux femmes vues à mi-corps.

ZOLEMAKER.

81. — Berger et bergère entourés de leur troupeau.

VANDERBURG.

82. — Paysage. Vue des Vosges, avec figures de paysans.

OSTADE (Genre d'Isaac).

83. — Vue d'un site rustique. Une jeune fermiere donne à manger à ses volailles.

HOET (Gerard)

84. — Le sacrifice d'Iphigénie

RUISDAEL (D'après)

85. — Paysage. Les dunes sablonneuses et les bûcherons.

VANDERNEER (Style de).

86. — Paysage à effet de clair de lune et temps de neige ; on aperçoit sur un chemin un paysan et son chien.

ROGMANS

87. — Une vue de bois fort épais et frappé d'un rayon de soleil ; sur le premier plan quelques figures de gens du peuple.

STORCK.

88. — Vue du village et d'un port maritime des bords de la Meuse.

FRANCK.

89. — Résurrection de Lazare.

VANDEVELDE (Isaï).

90. — Paysage, terrain montueux entouré de

haies, palissades en bois et bouquets d'arbres, trois
figures de paysans assis et debout.

HEUSCH (Guillaume de).

91. — Paysage et massif d'arbres se détachant sur
un ciel nuagé.

POTTER (Paul).

92. — Étude de chien lévrier. Le paysage est de
Hackert.

VANHUYSUM

93 — Bouquet de fleurs

WOUVERMANS (P.).

94. — Le départ et l'arrivée de la chasse. Deux
tableaux en pendants

PORTRAITS PEINTS PAR PETITOT,

MONTURE EN OR.

95. — Hortense Mancini, nièce du cardinal Mazarin.

96. — Mme de Souverain, maîtresse de Louis XIV.

97. — Mme de Grignan, fille de Mme de Sévigné

98. — Mlle Després, dite la belle jardinière de Meudon. (Vente Poloscky).

99. — La duchesse de Longueville.

100. — Mme de Montespan. (Vente Poloscky)

101. — Mme de Lavallière. (Vente Booz).

102. — Mademoiselle, sœur de Louis XIV et femme du duc de Lauzun.

103. — Colbert jeune. (Vente Bonnemaison).

104. — Mme de Montpensier. (Collection Lenoir-Dubreuil).

105. — Le maréchal de Catinat, du cabinet Lenoir-Dubreuil, vendu 1,800 fr.

106. — Le cardinal Mazarin. (Collection Lenoir-Dubreuil).

107. — Mlle de Lavallière. Portrait monté sur boîte à charnière, il provient de la vente Poloscky.

Petitot est regardé comme le premier qui ait porté la peinture en émail au plus haut point de perfection. Disciple de Vandyck, il ne tarda pas à faire les plus rapides progrès, et parvint, par une application assidue, à bien dessiner les têtes, à leur donner la plus belle carnation. Il joignit à cela une parfaite ressemblance, faisant passer dans ses portraits l'esprit et le caractère des personnes qu'il peignait. Après avoir été considéré par Charles Ier et Charles II, Louis XIV le retint en France, où ses ouvrages furent recherchés de tous les riches seigneurs de cette époque, et depuis ce temps ils ont été portés à des prix très élevés.

MINIATURES ET ÉMAUX DIVERS.

108. — La Madeleine dans le désert, et Laure et Pétrarque. Deux médaillons

109. — Marie-Clémentine Britan Émail de Bordier.

110. — Le grand Condé et sa femme.

111. — Médaillon du XVe siècle. Prime d'améliste et tête onyx, entourés de rubis et turquoises (Histoire de Clarisse Harlow).

111 *bis*. — Le portrait d'Anne de Bretagne, par Mme Jaquotot.

INSTRUMENTS D'ASTRONOMIE.

112. — Un grand miroir métallique de 60 centimètres de diamètre, construit par Herchel pour un télescope de 6 m. 50 centim. de foyer; avec ce télescope on découvrait les satellites d Uranus.

113. — Un grand miroir métallique de 47 centim., de 3 m. 25 centim. de foyer, et un petit dépendant

du même instrument Le prince de Gaumo l'acquit de M. Herchel fils, en 1814, et le paya 500 livres sterling ; c'est avec ce télescope qu'Herchel découvrit la planète Uranus

114. — Une lunette méridienne de Dollond, de 1 m. 15 centim de longueur; objectif achromatique à trois verres, de 7 centim. de diamètre avec demi-cercle, support, niveau, micromètre, etc.

115. — Un cercle répétiteur astronomique de 50 centim de diamètre, construction de Bordi, exécuté par Dollond, cet instrument, muni de deux lunettes de 4 centim. de diamètre donne les dix secondes; hauteur totale, 90 centim

116. — Cercle à réfléxion de 30 centim. de diamètre, divisé sur argent, exécuté par Dollond.

117. — Un très beau microscope solaire de Dollond, avec appareil mégascopique

118. — Un grand régulateur de Berthoud, balancier à compensation, etc , boîte en marqueterie

119. — Une pendule à équation de Leroy, calendrier, sonnerie, etc.

120. — Un télescope de Dollond, miroir de 11 centim. de diamètre avec chercheur et pied à mouvement.

121. — Un microscope à six lentilles.

122. — Un télescope anglais de 8 centim. de

diamètre, avec cercle horizontal et vertical ; cet instrument, muni d'un mouvement d'horlogerie et d'un micromètre, peut servir d'équatorial pour différentes latitudes.

123.—Une lunette de 9 centim. et de 1 mètre 2 centim. de foyer.

124. — Sous ce numéro seront vendus plusieurs lunettes et autres instruments qui n'ont pu être catalogués,

MARBRES.

125. — Une statue en marbre, nymphe chasseresse, par Bartholini de Florence, et portant 1 m. 90 centim. de haut. Ouvrage du style le plus élégant.

126. — Une fontaine monumentale en albâtre oriental, à deux cuvettes et à base trépied, de 2 m. 60 centim. de haut.

127.—Une table en mosaïque de Florence.

128 —Une autre table à dessin complet, mosaïque de Florence, choix de matières dures.

129 — Deux têtes de Méduse, d'après l'antique.

130. — L'empereur Galba ; buste en marbre de Paros, forte proportion

131. — Proserpine ou Junon Lucine ; figure de

grandeur de nature. Ouvrage dû au ciseau byzantin.

132. — Les travaux d'Hercule ; vase de marbre, par Donatello, auteur des portes du Baptistaire, à Florence. (Collection du prince.)

133. — Deux bustes d'enfant par Coseyox Ils sont connus parmi les ouvrages de ce grand statuaire sous le titre de l'Homme de ville et l'Homme des champs.

134. — Un faune jaune antique et travail antique. Buste sur socle de marbre noir.

135. — L'adoration des mages ; bas-relief en marbre, époque du XVIᵉ siècle.

OBJETS DE RICHE AMEUBLEMENT.

136. — Deux grands vases, avec couvercle en porcelaine de Chine, monture en bronze doré, de Goutières. Ils portent 650 millim. de haut.

137. — Deux autres vases en céladon craquelé, porcelaine d'ancien Chine, vieille monture en bronze doré.

138. — Buste de Napoléon ; bronze plus grand que nature, d'après Chodet.

139. — Un meuble noir burgauté.
Sur toutes les faces et dans l'intérieur il est fourni

de tiroirs et forme en même temps bureau au moyen d'une tablette; orné de coins et de ferrures en cuivre doré et ciselé. Il porte 1 m. 14 centim. de haut sur 87 centim. de long ; largeur, 70 centim.

140. — Trois figures d'Atlas, formant trépied et disposées à recevoir une coupe.

141. — Une pendule du nom de Revél ; bronze doré et groupe en porcelaine biscuite de Sèvres.

142. — Un meuble d'acajou, les bois richement ouvragés ; il est couvert en soie et se compose de huit fauteuils, deux bergères, un canapé.

143. — Une table, de forme octogone, garnie de bronze doré, rosaces, appliques et balustres, marbre vert de mer.

144. — Une pendule de cabinet.

145. — Console à glace et à deux vantaux.

146. — Une table à dessus de mosaïque ; garniture bronze doré.

147. — Une magnifique pendule, du temps de Louis XIV, avec mécanique très-compliquée.

148. — Trois tapisseries anciennes et à sujet.

149. — Un paravent en acajou et à panneaux vitrés.

150. — Une glace richement encadrée.

151. — Deux colonnes en stuc, de 1 m. 14 centim. de haut.

152. — Les articles omis seront vendus sous ce numéro.

Supplément.

ANCIENNE COLLECTION DU PRINCE.

RAPHAEL.

153. — La Vierge au linge ; tableau muni de toutes les constatations d'originalité reconnues à Madrid et à Rome

CORRÈGE (D'APRÈS).

154. — Une copie de la Zingara.

CORRÈGE.

155. — Sainte-Famille. Tableau peu terminé et regardé comme une œuvre préparatoire. C'est ainsi qu'il était considéré dans la galerie du prince. Il a été gravé et publié à Rome.

MURILLO.

156. — Sainte-Famille.

MORO (ANTOINE).

157. — Portrait de femme, dans un riche costume.

VELASQUEZ.

158. — La vue de Rome et de ses principaux édifices.

SANZIO (RAPHAEL).

159. — Saint Georges. Tableau authentiquement reconnu en Espagne, et signé sur le genou de saint Georges.

GERNAJO.

160. — La fileuse.

ALBANO.

161. — Sainte-Famille.

OMISSION.

KAREL (DUJARDIN).

162. — Les quatre Évangélistes placés près du portique d'un temple, et tous quatre inspirés de l'Esprit-Saint qui leur apparaît; chacun a près de lui l'attribut qui le caractérise.

JEANNET.

163. — Portrait d'homme tenant une lettre; époque de Henri II.

[illegible]

[illegible]

[illegible]

[illegible]

[illegible]

[illegible]

[illegible]

[illegible]

ANTIQUITÉS ÉGYPTIENNES,

ÉTRUSQUES, GRECQUES, ETC,

Nota. La presque totalité de ces vases ayant été fracturés et restaurés, nous croyons inutile de répéter cet avertissement à la fin de chaque article.

------

1. — Calcaire — Stèle funéraire provenant des sépultures de Thèbes. Ce monument curieux, représente un acte d'adoration et les offrandes faites par quatre enfants, à leur père et mère défunts.
H

2. — Vase à deux anses. P. J. — Jupiter vêtu de long, avançant la main gauche, sur laquelle est posé un oiseau peu reconnaissable. Le dieu marche avec rapidité et lance la foudre. — R. Un guerrier, la lance en arrêt, et dont le bouclier porte pour emblème un oiseau dévorant un serpent.
H. 3½ cent

3. — Vase à trois anses. P. N. — Apollon Citharède, Mercure, Bacchus et deux femmes, qui peuvent être deux Grâces ou deux Heures, compagnes de ce dieu. — R. Au-dessus de cette scène et sur la courbe du vase est un vieillard assis près de quatre guerriers, dont l'un conduit un quadrige.
H 50 cent

4. — Vase à deux anses. P. N. — Apollon Citharède, et trois déesses sans attributs. — R. Bacchus
entre deux Ménades.

H 15 cent.

5. — Vase à deux anses. P. N. — Apollon Citharède, debout et accompagné d'une biche, devant
deux déesses sans attributs. — R. Une femme debout entre deux guerriers.

H 37 cent.

6. — Vases à deux anses. P. N. Apollon Citharède au milieu de quatre divinités, parmi lesquelles
on distingue Mercure. — R. Bacchus debout et tenant un canthare, au milieu de deux ménades et
de deux satyres qui dansent. Au-dessous de ces sujets
règne une zone décorée de figures de lions, de
sangliers et de taureaux.

H. 45 cent.

7. Vase à une anse. P. N. — Apollon Citharède
debout entre deux déesses.

H 20 cent

8. — Coupe à deux anses. P. J. — Apollon assis,
tenant une lyre et une coupe, placé en regard d'un
autel allumé. Sur le fond on distingue quelques lettres
mal formées.

D. 29 cent.

9. — Vase à deux anses. P. J. — Un homme barbu,
couronné de myrte et vêtu de long, tient une grande
lyre et dirige en avant sa main droite, qui tient

un *plectrum*. — R. Un homme barbu, couronné de myrte et debout, s'appuie de la main gauche sur un tau, et semble indiquer avec la droite un objet qui n'a point été tracé.

H 5a cent.

10. — Vase à deux anses. P. J. — Le même sujet que le précédent.

H 40 cent

11. — Vase à deux anses. P. J. — Diane debout tient son arc et prend une flèche pour tuer un jeune Niobide réfugié dans les bras de sa mère.

Ce vase a été repeint et vernis. — R. Deux figures, dont l'une tient un vase.

H. 41 cent

12. — Vase à deux anses. R. N. — Minerve, montée sur un quadrige, combattant le géant Pallas, armé de toutes pièces, et tombé à terre. R. — Minerve debout près d'une génisse sur laquelle Hercule étend la main. En arrière de la déesse est représenté Bacchus debout.

H. 45 cent.

13. — Vase à une anse. P. N. — Minerve combattant le géant Pallas. Aux extrémités du groupe sont peints deux cavaliers.

H. 25 cent.

14. — Vase à deux anses. P. N. — Minerve combattant deux Pallantides, dont l'un paraît à demi vaincu. — R. Combat de trois guerriers.

H. 43 cent.

15. — Vase à deux anses. P. N. — Minerve combattant deux Pallantides. L'un d'eux, tombé sur un
genou et couvert de son bouclier, dirige sa lance
pour frapper la déesse.

H. 34 cent.

16. — Vase à deux anses. P. N. — Minerve achevant un guerrier déjà renversé à terre est attaquée
par un autre ennemi. Derrière elle se livre un autre
combat entre deux guerriers, dont l'un est tombé à
terre. — R. Un homme tenant un cheval par la bride,
et accompagné d'un vieillard qui le suit, est reçu
par une femme qui paraît apaiser le chien du
voyageur.

H. 39 cent

17. — Vase à une anse. P. N. — Minerve armée
courant en détournant la tête.

H. 24 cent.

18. — Vase à une anse. P. N. — Minerve montée sur
un quadrige. Près d'elle, à sa gauche, sont placés
en regard Apollon Citharède et Bacchus. En avant
des chevaux est assise une déesse qui n'offre aucun
attribut particulier.

H. 25 cent.

19. — Vase à trois anses. P. N. — Minerve montée
sur un quadrige. A sa gauche se voient Apollon Citharède et Bacchus, qui tient un canthare. A la tête
des chevaux est une déesse debout.

Sur la courbure supérieure du vase, et au dessus

du sujet précédent, est une frise composée de six figures, parmi lesquelles on remarque deux joueurs de double flûte et un discobole.

H 4, cent

20. — Vase à deux anses. P. N. — Minerve, suivie de Mercure, adresse la parole à Bacchus, qui précède un satyre et une ménade. — R. Un guerrier portant un bouclier argien, près d'un archer asiatique et de deux autres figures vêtues de long.

II 15 cent.

21. — Vase à deux anses. P. N. — Minerve debout, couverte d'un bouclier argien, et dirigeant sa lance en avant d'elle. La déesse est placée entre deux colonnes surmontées chacune d'un coq. Sur la gauche du champ, on lit :

TOY AΘENEΘEN AΘΛON. (Le prix donné à Athènes.) R. Quatre hommes fournissant la course du stade.

Ce vase, dont le sujet se trouve aujourd'hui assez fréquemment répété, a été repeint et restauré dans toutes ses parties.

II. 68 cent.

22. — Vase à deux anses. P. N. — Vase semblable au précédent dont il répète la figure, les accessoires et l'inscription.

Ce vase est également refait en entier.

II. 61 cent.

23. — Coupe à deux anses. P. J. — Mercure imberbe, le pétase jeté en arrière, s'approchant d'un

jeune homme qui tient une lyre. Près de celui-ci
était placée une inscription, dont il ne reste plus
que les lettres suivantes... OAI. Entre les jambes du
dieu se voit le caducée qu'il vient d'abandonner.

Pourtour extérieur de la coupe. — Un jeune homme, armé de deux lances, au milieu de quatre autres
personnages. Une femme assise au milieu de cinq
jeunes hommes.

D. 36 cent.

24. — Vase à deux anses. P. N. — Bacchus monté
sur un quadrige et tenant un canthare à la main.
Près de lui, à sa gauche, marche un satyre. Un
autre satyre, précédant le char, se retourne vers le
dieu. — R. Deux vieillards, dont l'un est assis, s'entretiennent avec deux guerriers, dont l'un est armé
à la grecque et l'autre à l'asiatique.

H. 43 cent.

25. — Vase à deux anses. P. N. — Bacchus, debout et appuyé sur une tige de lierre, tient un
canthare. Le dieu est placé entre quatre de ses
suivants, dont l'un porte un lièvre suspendu à un
bâton, et les autres tiennent des tiges de lierre.
R. — Un jeune cavalier conduisant un cheval en
laisse, placé au milieu de trois personnages inconnus.

H. 32 cent

26. — Vase à une anse P. N. — Bacchus assis et
tenant un *céras*, se retourne vers une ménade qui
danse.

H. 21 cent

27. — Vase à une anse. P. N — Bacchus assis, tenant un *céras*. Devant lui une ménade qui s'éloigne.
. H. 29 cent.

28. — Coupe à deux anses. P. N. — Extérieur.
Bacchus et un satyre entre deux yeux humains.
Fond de la coupe. Le *gorgonium*.
D. 27 cent.

29. — Vase à deux anses. P. N. — Bacchus couché
sur un lit. — R. Le même sujet.
H 22 cent.

30. — Vase à deux anses. P. N. — Bacchus assis,
tenant un *céras*. — R. Deux suivants du même dieu.
H 19 cent.

31. — Vase à une anse. P. N. — Bacchus debout,
tenant un *céras*, placé entre une ménade et un
satyre.
H 21 cent.

32. — Vase à deux anses. P. N. — Bacchus tenant
un *canthare* que Méthé s'apprête à remplir. Derrière eux sont des bacchants, dont l'un tient une
branche de lierre.
H. 27 cent.

33. — Vase à une anse. P. N. — Bacchus tenant
un *canthare*, est placé au milieu de deux satyres
et de deux ménades.
H 19 cent.

34. — Vase à deux anses. P. N. — Bacchus debout

et tenant un *canthare*, est placé entre deux yeux humains.

Registre supérieur. — Le même, tenant un *céras*, assis entre deux satyres, est ensuite représenté également assis entre deux de ses suivants. — R. Un guerrier debout entre deux femmes. — Registre supérieur de ce côté. — Deux groupes de guerriers combattant. — Sous les anses de ce vase sont peints deux satyres.

H 29 cent.

35. — Vase à une anse. P. N. — Bacchus assis entre quatre de ses suivants.

H 8 cent.

36. — Vase à deux anses. P. N. — Bacchus et un satyre. — R. Le même sujet.

H 17 cent

37. — Coupe à deux anses. P. J. —Sur le centre est figuré Bacchus, tenant de la main droite un canthare, et regardant un Silène qui joue de la flûte.

Sur le pourtour extérieur sont représentés huit satyres et ménades, se livrant à des jeux divers.

D 27 cent

38. — Vases à deux anses. P. N. — Bacchus, debout entre deux satyres et deux ménades.

R. Deux guerriers, profilés l'un sur l'autre, debout entre deux cavaliers vus de face.

H 44 cent.

39. — Coupe à deux anses. P. N. — Sur le fond, Bacchus debout tient un *céras*. — Extérieur. Bacchus, satyres et ménades.

D 18 cent.

40. — Coupe à deux anses. P. N. — Bacchus assis sur un pliant. — Pourtour extérieur. Bacchus, des satyres et ménades.

D 17 cent

41. — Vase à deux anses. P. N.— Bacchus, à qui un satyre verse à boire, se retourne pour écouter un autre satyre qui joue de la flûte. — R, Deux satyres à demi agenouillés, portent sur leurs épaules deux ménades qui jouent des crotales.

H. 26 cent

42. — Vase à deux anses. P. N. — Bacchus, couronné de lierre et monté sur un mulet, chemine entre deux de ses suivants; en haut du champ est tracée cette inscription :

ΑΝΔΡΟΣ ΜΕΘΕΑ — R. Un homme barbu touchant le menton d'un personnage qui paraît lui offrir une couronne; celui ci précède un enfant muni d'un objet auquel il serait difficile d'appliquer aucun nom.

Ce vase a été entièrement refait et repeint.

H.

43. — Coupe à deux anses. P. N. — A l'extérieur, Bacchus assis tenant un *céras*. — Le même dieu accompagné d'une femme citharède. — Deux satyres enlevant des ménades.

Aù fond de la coupe , le *gorgonium.*

D. 26 cent.

44. — Vase à une anse. P. N. — Une ménade entre deux satyres.

H. 15 cent.

45. — Vase à une anse. P. N. — Deux suivantes de Bacchus.

H. 23 cent

46. — Vase à deux anses. P. N. — Une ménade couronnée de lierre, assise sur un taureau.

H. 23 cent.

47. — Coupe à deux anses. P. J. — Un satyre à demi agenouillé devant un *céras.* Sur le champ se voient quatre lettres mal formées.

D 28 cent.

48. — Vase à trois anses. P. J. — Une ménade tenant un thyrse et courant devant un petit lion qui précède un homme barbu et appuyé sur un bâton noueux.

H. 36 cent

49. — Vase à une anse. R. P. — Un satyre poursuivant une femme, figures gravées sur le fond noir du vase, mais dont la dernière conservé quelques traces de couleur.

H. 2 ½ cent.

50. — Coupe à deux anses. P. J. — Le pourtour extérieur est ornée de frises représentant des jeux et des danses de bacchantes.

D 28 cent

51. — Coupe à deux anses. P. J. — Au centre, un jeune homme tenant un disque. Sur le champ on lit : ΚΑΛΟΣ (beau). — Bord extérieur. Un satyre tenant un canthare et couché. — De l'autre côté, trois jeunes hommes dont l'un plonge ses bras dans un vaso posé à terre.

H. 33 cent.

52. — Coupe à deux anses. P. N. — Frise extérieure. Marche de suivants de Bacchus. Au centre intérieur, le *gorgonium*.

D. 11 cent.

53. — Vase à une anse. P. N. — Un homme et une joueuse de flûte à demi étendus sur une couche garnie d'oreillers, sont abrités sous une vigne.

H. 20 cent.

54. — Vase à une anse. P. N. — Une femme précédant un homme qui tient une branche de lierre, présente une fleur à un homme barbu suivi d'un autre personnage également muni d'une branche de lierre.

H. 27 cent.

55. — Coupe à deux anses. P. J. — Un jeune homme à demi agenouillé, tenant une amphore dans ses bras.

D. 18 cent.

56. — Coupe à deux anses. P. N. — A l'extérieur, deux yeux humains et des figures bachiques.

D. 27 cent.

57 — Vase à une anse. P. N. — Quatre suivants de Bacchus marchant à la file et tenant des branches de lierre.

H 28 cent.

58. — Vase à une anse. P. N. — Hercule étreignant le lion néméen.

H. 19 cent

59. — Vase à deux anses. P. N. — Hercule vainqueur d'un centaure ; aux deux côtés du groupe sont placés Minerve et Mercure, divinités protectrices du héros — R. Bacchus barbu assis sur un pliant.

H 46 cent

60. — Vase à deux anses. P. N. — Hercule portant le sanglier d'Erymanthe à Eurysthée. Le roi de Mycènes caché dans un grand vase d'airain, ne laisse voir que sa tête et ses bras qu'il tient élevés dans l'attitude de l'effroi. A la droite et à la gauche de cette scène sont représentés Minerve et Mercure debout. — R. Minerve, la lance en avant et entre deux colonnes surmontées de coqs, sujet analogue à ceux figurés sur les numéros 21 et 22 de cette collection.

H 45 cent.

61. — Vase à deux anses. P. N. — Hercule combattant le triple Géryon ; au pied du héros est étendu le berger Eurytion. — R. Bacchus entre quatre de ses suivants.

H 43 cent

62. — Vase à deux anses. P. N. — Hercule combattant trois jeune guerriers dont l'un paraît être à demi vaincu. — R. Deux hommes montés sur un quadrige vu de face ; sur la droite est peint un guerrier armé à l'asiatique.

H. 5 cent.

63. — Vase à une anse. P. N. — Hercule combattant un guerrier dont le bouclier, de forme orbiculaire, porte pour emblème le devant d'un lion ; près de ce groupe se voit un autre combat de deux guerriers ; et près des héros se voit un cinquième personnage tenant sa lance en arrêt.

H. 19 cent

64. — Vase à une anse. P. N. — Hercule assommant un guerrier à demi tombé sur ses genoux ; deux figures sont placées de chaque côté du champ.

H. 21 cent.

65. — Vase à une anse. P. N. — Hercule debout près d'un autel.

H. 16 cent

66. — Vase à deux anses. P. N. — Thésée vainqueur du Minotaure ; aux deux côtés de ce groupe sont peintes deux jeunes Athéniennes qui attendent l'issue du combat. — R. Minerve, Mercure et deux autres personnages marchant accompagnés d'un chien.

H. 41 cent.

67. — Coupe à deux anses. P. N. — Sur son pour-

tour extérieur sont peints des guerriers combattant
quelques centaures qui enlèvent des femmes.

D. 21 cent.

68. — Coupe à deux anses. P. N. — Un centaure ;
près de lui est une inscription peu lisible.

D. 21 cent.

69 — Vase à deux anses. P, N. — Un guerrier
tombé sur ses genoux, cherche à se défendre contre
deux centaures dont l'un veut l'écraser avec un quar-
tier de roche ; à la gauche est un autre centaure qui
se détourne de l'action. — R. Un homme assis sur un
pliant, se retourne et paraît écouter un guerrier
suivi de deux compagnons précédés d'un chien. Devant le premier personnage sont deux hommes, dont
l'un fait un geste menaçant.

H.

70. — Vase à une anse. P. N. — Un centaure armé d'un petit arbre, achevant la défaite d'un guerrier.

H. 25 cent

71. — Coupe à deux anses. P. N. — Un centaure.
(Ouvrage de Tléson).

P. 21 cent.

72. — Vase à deux anses. P. N. — Le centaure
Chiron portant sur l'épaule gauche une branche à
laquelle est suspendu un renard, reçoit de Pélée le
jeune Achille, dont le corps est enveloppé d'une
draperie. — R. Bacchus et deux silènes, dont l'un

porte une outre, tandis que l'autre s'apprête à remplir un canthare que le dieu tient à la main.

H. 13 cent.

73. — Vase à deux anses. P. N. — Mercure conduit les trois déesses vers un homme vêtu de long et barbu ; ce dernier personnage se remarque sur deux autres peintures de vases déjà connus (1). — R. Un guerrier et deux femmes tenant des espèces de sceptres.

H. 28 cent

74. — Vase à une anse. P. N. — Le même sujet ou les déesses sont amenées devant le personnage barbu dont il vient d'être parlé.

H. 20 cent.

75. — Vase à une anse. P. N. — Achille, attachant une de ses knémides, devant un autre guerrier.

H. 22 cent.

76. — Vase à deux anses. P. N. — Ajax emportant le corps d'Achille. Près de lui un guerrier étendu à terre. — R. Un homme nu et barbu, précédant un jeune homme qui porte un trépied sur sa tête.

H. 34 cent.

77. — Vase à deux anses. P. N. — Énée armé de toutes pièces et accompagné du jeune Ascagne, porte sur l'épaule gauche son père Anchise, tenant

---

(1) M Gerhard, *rapporto volcente*, n° 314. — *Catalogue des vases de la collection de M. Panckoucke*, n° 91.

une javeline à la main. En arrière est figurée Creûse,
qui détourne la tête, et en avant marché une autre
femme. — R. Quatre guerriers marchant avec rapidité dans la même direction.

H 45 cent

78. — Vase à deux anses. P N. — Énée portant
Anchise, qui tient à la main une espèce de sceptre.'
Creûse et une autre femme précèdent et suivent ce
groupe.

H. 42 cent

79. — Plateau. P. J. — Un archer asiatique, coiffé
d'un bonnet terminé en pointe, couvert d'une espèce
de corcelet et d'*anaxyrides*, tient deux flèches et
une hache de combat.

Autour de lui on lit : ΧΑΧΡΥΛΟΣ ΓΠΟΙΕΣΕΝ (*Cha-
chrylius a fait*). Le nom de cet artiste est déjà connu
par des ouvrages conservés dans les collections de
M. le prince de Canino et de feu Durand (1).

D 21 cent

80. — Vase à deux anses. P. N. — Un archer asiatique coiffé d'un bonnet pointu ; au milieu deux
guerriers armés de boucliers argiens. — R. Bacchus
à demi couché près d'une roche. Devant lui est une
femme dans la même attitude et qui joue des crotales.

H. 26 cent.

---

(1) *Catalogo*, etc., p 108, n° 51. — *Catalogue* Durand, n° 124.

81. — Vase à deux anses. P. N. — Un guerrier, accompagné de son écuyer et monté sur un quadrige, adresse la parole à une femme et à un guerrier qui viennent à sa rencontre. — R. Un guerrier, vu de profil et détournant la tête, porte un bouclier orbiculaire. A ses côtés sont peints deux cavaliers vus de face.

H 3½ cent.

82. — Vase à trois anses. P. N. — Combat de cinq guerriers. — R. Une sirène entre deux cavaliers. Sous chaque anse un lion.

H 28 cent

83. — Coupe à deux anses. P. J. — Deux guerriers, dont l'un semble parler à l'autre.

D 22 cent

84. — Vase à trois anses. P. N. — Un archer asiatique barbu conduisant un quadrige ; à sa gauche sont placés deux guerriers, tandis qu'un autre guerrier, posté devant la tête des chevaux, paraît vouloir attaquer le cortége. Sur la courbure supérieure du vase, Hercule combattant le lion néméen, en présence de Minerve, d'Iolaüs et de deux autres personnages.

H. 45 cent.

85. — Coupe à deux anses. P. N. — Combat de deux guerriers.

H. 21 cent.

86. — Vase à une anse. P. N. — Trois guerriers

4

armés de boucliers argiens, et deux personnages vêtus de long.

H 24 cent.

87. — Vase à deux anses. P. N. — Un guerrier
s'entretenant avec un vieillard qui précède une
femme. — R. Bacchus, accompagné d'un bouc, présente un canthare à une femme qui tient des crotales.

. H. 44 cent

88. — Vase à deux anses. P. J. — Un cavalier
armé de deux lances entre deux guerriers, dont les
boucliers portent pour emblêmes un pliant et un
serpent. — R. Un guerrier monté sur un quadrige
et accompagné de trois autres guerriers.

H 44 cent.

89. — Coupe à deux anses. P. N. — Un guerrier
à demi agenouillé, tenant deux lances et se couvrant
de son bouclier.

D. 3o cent.

9o. — Vase à deux anses. P. N. — Un homme,
la tête nue et vêtu de long, monté sur un quadrige;
en arrière sont en regard deux guerriers et un vieillard tenant un sceptre.

H 4o cent

91. — Vase à une anse. P. J. — Huit figures, parmi
lesquelles on distingue trois guerriers.

H 8 cent.

92. — Vase à trois anses. P. N. — Un héros et son

écuyer, montés sur un quadrige, vers lequel se diri-
gent cinq personnages. — Au-dessus, combat de
deux guerriers sur le cadavre d'un autre personnage
étendu à terre. Aux extrémités de cette scène, sont
peintes deux figures assises.

H. 39 cent.

93. — Vase à un anse. P. N. — Combat de deux
guerriers.

H. 24 cent

94. — Vase à deux anses. P. N. — Un guerrier
armé d'un bouclier argien portant pour emblême un
sanglier, occupant le centre de quatre figures vêtues
de long, et qui sont toutes dirigées vers lui. Sur le
champ, inscription illisible. — R. Un guerrier, dont
le bouclier porte pour devise un scorpion, entre six
personnages, dont quatre sont vêtus de long. Inscriptions illisibles.

H. 41 cent.

95. — Vase à une anse. P. N. — Combat de deux
guerriers entre deux figures vêtues de long, et qui
tiennent des espèces de sceptres.

H. 20 cent

96. — Vase à une anse. P. N. — Quatre guerriers
debout et portant des boucliers argiens.

H. 20 cent.

97. — Vase à deux anses. P. N. — Un homme
monté sur un bige conversant avec une femme ar-
rêtée près de lui; en avant des chevaux est un vieil-

lard assis sur un pliant. — R. Un homme imberbe, assis sur un pliant, en avant d'un guerrier, reçoit une femme, un guerrier dont le bouclier porte un dragon, et un personnage vêtu de long.

H 45 cent.

98. — Coupe à deux anses. P. N. — A l'extérieur, un homme près d'un cheval ; deux lions et deux yeux humains.

D 21 cent

99. — Coupe à deux anses. P. J. — Un jeune homme, couché sur un lit, tenant une lyre et une coupe. Au dessus de lui on lit : ΕΛΠΙΝΙΚΟΣ ΚΑΛΟΣ (le bel Elpinice).

D. 19 cent

100. — Coupe à deux anses. P. J. — Une femme se lavant les mains dans un *labrum*. Derrière elle : ΠΑΙΣ ΚΑΛΑ (*la belle fille*).

D. 20 cent.

101. — Coupe à deux anses. P. J. — Un jeune homme tenant une coupe et un *simpulum*. Derrière lui est un vase ; au-dessus on lit : ΚΑΛΟΣ (*beau*).

D 24 cent

102. — Coupe à deux anses. P. J. — Un jeune homme à demi agenouillé et tenant un vase qu'il regarde avec attention. Derrière lui l'extrémité d'un lit, au dessus : ΗΟ ΠΑΙΣ ΚΑΛΟΣ (*le garçon est beau*).

D 19 cent.

103. — Coupe à deux anses. P. N. — Quatre têtes
de femmes décorent le fond de ce vase.

D. 21 cent.

104. — Coupe à deux anses. P. J. — Deux femmes
qui s'entretiennent près d'un *labrum*.

D. 23 cent.

105. — Coupe à deux anses. P. N. — A l'extérieur
sont peints deux cavaliers en regard.

D. 20 cent.

106. — Vase à deux anses. P. J. — Une femme
entre deux hommes qui lui adressent la parole.

R. Trois hommes debout.

D. 34 cent.

107. — Coupe à deux anses. P. N. — A l'extérieur :
une femme ailée, au milieu de quatre personnages
vêtus de long.

D. 21 cent.

108. — Coupe à deux anses. P. J. — Au centre,
une femme versant à boire à un homme barbu qui
lui présente une coupe et s'appuie sur un bâton. —
R. Une femme assise et qui file s'entretient avec
un homme barbu. Plus loin, une femme verse à
boire à un homme barbu. De l'autre côté, cinq
personnages, parmi lesquels on remarque une femme présentant une coupe à un jeune homme.

D. 22 cent.

109. — Coupe à deux anses. P. J. — Un jeune

homme debout et portant la jambe gauche en avant. Autour du champ on lit : ΧΑΙΡΕΣΤΡΑΤΟΣ ΚΑΛΟΣ (*le beau Cherestrates*).

D. 18 cent.

110. — Coupe à deux anses. P. J. — Un jeune homme, nu et agenouillé, paraît prendre une mesure, à l'aide d'un fil qu'il tient dans ses mains. Au dessus on lit : ΗΟ ΠΑΙΣ ΚΑΛΟΣ (*le garçon est beau*).

D 19 cent.

111. — Plateau à pied. P. N. — Son centre est orné d'un arbre. Sur le pourtour sont figurés des chasses et des animaux courants.

D. 20 cent.

112. — Vase à une anse. P. N. — Trois figures placées sous des muffles de lion qui jettent de l'eau.

H 20 cent

113. — Vase à une anse. P. N. — Deux hommes accompagnés de chiens.

H. 24 cent.

114. — Coupe à deux anses. P. J. — Une femme assise sur une chaise s'entretient avec une autre femme qui est debout devant elle.

D. 22 cent.

115. — Coupe à deux anses. P. J. — Au centre, un jeune homme nu et un peu incliné, tenant en main une strigile.

H. 23 cent.

116. — Vase à une anse. P. N. — Trois femmes assises sur des pliants.

H. 11 cent

117. — Coupe à deux anses. P. J. — Sur le centre, un jeune homme tenant un morceau de viande embrochée, l'approche du feu qui brûle sur un autel. Deux autres broches, également garnies de viande, et un *simpulum* sont placés près de lui. — Faces extérieures de la coupe. Dix jeunes gens se livrant à la danse et à d'autres exercices.

D. 34 cent

118. — Coupe. P. J. — Au centre, un jeune homme tenant deux flûtes, et une jeune femme couchée sur un même lit. Sur le fond on lit :

HO ΠΑΙΣ ΚΑΛΟΣ (*le garçon est beau*).

D. 22 cent

119. — Coupe à deux anses. P. J. — Un homme à demi couché sur un lit, tenant à la main un objet dont le nom et l'usage nous sont inconnus.

D. 22 cent.

120. — Coupe à deux anses. P. J. — Un jeune homme marchant en détournant la tête. — Sur le fond ΚΑΛΟΣ (*beau*).

D. 24 cent.

121. — Vase à deux anses. P. J. — De chaque côté quatre guerriers accompagnés d'un chien.

H. 45 cent.

122. — Coupe à deux anses. P. N. — Au fond,

le *gorgonium*. — Sur le pourtour extérieur, deux grands yeux, séparés par un homme monté sur un animal de forme fantastique.

D. 19 cent.

122. — Coupe à deux anses. P. J. — Un homme barbu, parlant à une jeune fille voilée, placée debout devant lui. — Sur le fond : ΗΟ ΠΑΙΣ ΚΑΛΟΣ (*le garçon est beau*).

D. 11 cent.

124. — Coupe. P. N. — En dehors, un cavalier entre deux grands yeux.

D. 11 cent

125. — Coupe à deux anses. P. N. — Au centre, le *gorgonium*. — A l'extérieur, un satyre et une ménade, entre deux grands yeux.

D 25 cent.

126. — Vase à deux anses. P. N. — Un jeune cavalier précédant un guerrier dont le bouclier a pour devise un trépied. — R. Un jeune cavalier nu, entre deux hommes, dont l'un est appuyé sur un bâton.

H 41 cent.

127. — Coupe à deux anses. P. N. — A l'extérieur, deux cavaliers en regard, suivis chacun par un homme à pied.

D. 11 cent.

128. — Coupe à deux anses. P. N. — Extérieur,

deux hommes qui s'entretiennent ensemble; à leurs côtés, deux grands yeux.

D 22 cent.

129. — Coupe à deux anses. P. N. — A l'extérieur, une sirène entre des coqs et des cygnes.

D. 21 cent.

130. — Coupe à deux anses. Sur chacune des faces extérieures on lit : ΧΑΙΡΕ ΚΑΙ ΠΙΕΙ (*Salut et bois*). Cette inscription se retrouve sur quelques vases de ce genre.

D 20 cent.

131. — Coupe à deux anses. P. N. — Au centre, le *gorgonium*. — Faces extérieures, deux grands yeux et les extrémités de deux ailes.

D. 29 cent.

132. — Vase à une anse. P. N. — Deux grands yeux.

H 27 cent.

133. — Forme de tasse à deux anses. P. J. — De chaque côté une chouette entre deux branches d'olivier.

H 8 cent.

134. — Coupe sans pied. P. N. — Son centre est relevé en ombilic, au-dessous on lit : ΝΙΚΟΣΘΕΝΕΣ ΕΠΟΙΗΣΕΝ (*Nicosthénès a fait*). Quelques ouvrages de cet artiste se trouvaient dans les collections de M. le prince de Canino, de M. le duc de Blacas, et de feu Durand.

D 20 cent

135. — Un vase émaillé en noir, forme de *præfericulum*.

H. 21 cent

136. — Une coupe noire, garnie d'un pied et de deux anses.

D. 26 cent.

137. — Une espèce de tasse profonde couverte d'ornements.

H. 10 cent.

138. — Coupe à pied sans anses; sur le fond est peinte une inscription circulaire.

D. 15 cent.

139. — Coupe à deux anses. P. — Au centre, une femme qui se courbe en étendant les mains vers la terre. — A l'extérieur, *spintrienne*.

D. 22 cent.

140. — Coupe à deux anses. P. N. — A l'extérieur, deux yeux séparés par un satyre.

D. 21 cent

141. — Coupe à deux anses. P. N. — A l'exté- rieur, une course à pied.

D. 20 cent.

142. — Coupe à deux anses. P. J. — Au centre, le gorgonium

D. 38 cent

143. — Deux espèces de petits supports, l'un or-

né d'un cavalier entre deux oiseaux qui volent, l'autre présente une *spintrienne*.

H, 1 cent.

144. — Un vase de fabrique dite *phénicienne*. Ce vase était orné de figures d'animaux dont il ne reste plus que de faibles traces.

H. 16 cent.

145.—Deux vases de même fabrique que le précédent.

H. 21 cent.

146. — Terre noire de Chiusi. — Vase dont l'anse est décorée d'un relief représentant un homme assis sur un pliant, et tenant une espèce de *pédum*.

H. 40 cent

147. — Terre noire de Chiusi.—Vase à une anse, orné d'une frise en relief représentant des sphinx.

H. 32 cent

148. — Fragments de vases et de coupes plus ou moins mutilés.

BRONZES ANTIQUES.

149. — Statue représentant Apollon debout, la tête ceinte d'un bandeau roulé et le regard dirigé à

droite; sur son bras gauche, qui est détruit en entier, devait retomber une draperie dont la seule portion conservée repose sur l'épaule; le bras droit, moins maltraité, est conservé jusqu'à la moitié du *biceps*; l'arrière de la tête, fondue à part et ajustée ensuite, n'existe plus.

Ce bronze, auquel on peut reprocher quelques défauts dans la proportion respective de diverses parties, n'en est pourtant pas moins un objet très-remarquable par d'autres qualités d'art, et par sa proportion peu commune.

H. 1 mètre 9 cent

150. — Trois miroirs, dont deux sont chargés de gravures et faiblement exécutés.

D. comm. 16 cent.

151. — Un candélabre dont la tige est en spirale, soutenu par trois pattes alternées du même nombre de feuilles de lierre.

H. 45 cent

152. — Autre candélabre, tige octogone soutenue par des pattes alternées de feuilles de lierre.

H. 1 mètre

FIN.

www.ingramcontent.com/pod-product-compliance
Ingram Content Group UK Ltd.
Pitfield, Milton Keynes, MK11 3LW, UK
UKHW021702130726
13696UKWH00004B/1626